Hi, Historical Recor

# 史记来了！

## 司马迁带你读史记

大梁如姬 / 著　　李玮琪　李娅 / 绘

壹 远古-西周

海豚出版社
DOLPHIN BOOKS
中国国际传播集团

# 一种轻松易懂的
# 《史记》新读法

　　中国是一个注重记录历史的国度，不仅各种官方或个人撰写的历史典籍浩如烟海、层出不穷，从汉代开始到清朝，很多朝代还会聚集当朝最优秀的一批文人学者，为前朝编写史书。

　　这些被历代官方认定的"正史"总共有二十四部，被称为"二十四史"。这些史书无一例外，都是以人物传记为主体的纪传体，而且都有着大致相同的体例结构。

　　你可能想不到，这些能摆满一书柜的官方正史，参照的标准范本却是西汉时一位官员在本职工作之外编撰的一部史书。

　　这位官员就是司马迁，他倾注毕生心血、花费十多年时间写下的这部作品，就是位列"二十四史"之首的《史记》。**《史记》记载了从传说中的黄帝时期到汉武帝时代三千年间的历史，是我国第一部纪传体通史。**

　　司马迁开创性地把全书分为**本纪、表、书、世家、列传**五大部分，具体包括十二本纪、三十世家、七十列传、十表、八书。其中的表大致相当于大事年表，书则记录各种典章制度，本纪、世家分别记录帝王、诸侯重臣的故事，列传中除了历史上知名的文臣武将，还有很多来自各行各业的优秀代表。

　　这是一部"一直被模仿，从未被超越"的史书，从它问世起，就得到历代诸多文人大咖的击节叹赏。

　　《汉书》的作者班固称赞司马迁"不虚美，不隐恶"，不虚构美化当权者，也不会为统治者隐瞒罪恶。

　　唐宋八大家中的韩愈把《史记》当成自己写作的范本，柳宗元则称《史记》写得朴素凝练、简洁利落，"增一字不容，减一字不能"。

近代学者梁启超称司马迁为"史界太祖"，现代文豪鲁迅高度评价《史记》的史学价值和文学价值，称其为**"史家之绝唱，无韵之《离骚》"**。

这部精彩绝伦的史学巨著，值得每个人都好好读一读。但是，对于普通读者来说，直接阅读《史记》原作有着很大的难度。《史记》篇幅极大，总共有五十二万多字，涉及人物四千多个，人物关系错综复杂，历史事件千头万绪，王朝史、诸侯国的历史、家族史及彼此间的关系盘根错节，再加上让人望而生畏的文言文，没有一定的历史知识储备和古文基础，读来如同天书。

鉴于此，致力于为最广泛的读者群重写经典的歪歪兔策划出版了这套更适合青少年阅读的《史记来了！——司马迁带你读史记》。

本书以一种全新的面貌，呈现《史记》原作中最值得一读的经典内容。翻开书页，你会发现，这本书和市面上版本众多的各种青少年《史记》读物迥然不同。

**首先，本书以司马迁为叙述者，用第一人称口吻把三千年间的历史故事绘声绘色地讲给你听。**这种叙事视角使得故事更加生动真实，司马迁的创作过程和心得体会更加具体细致、真诚感人，更容易把读者带入到历史情境中，与故事发展同步同频。

司马迁像一个勤于更新的历史博主，用妙趣横生的语言讲历史故事，不时说上几个好玩的段子，打几个生动贴切的比方，以提升博文的趣味性，让厚重的历史变得轻松易懂，吸引大家阅读。

他像一位有着超越当时时代史观的历史老师，告诉你读历史不仅仅是读故事，更要透过故事了解历史人物，读懂历史事件，拓宽视野，培养历史思维，用客观公正全面的眼光看待历史。

他像一位注重写作方法的语文老师，告诉你写好一篇文章，要怎样去收集、整理、甄别、遴选素材，怎么布局全篇结构，如何在结尾提升价值。他还会时不时地敲黑板、划重点，告诉你这些是将来课本里要学的，这里是期末考试要考的。

**其次，本书保留了以历史人物为中心的纪传体特点，但打破了原作本纪、世家、列传的篇章结构，理顺时间线，按照历史顺序讲故事**，让原本纷繁复杂、千头万绪的历史故事网变得简洁清晰，一目了然。

全书共八十一篇，重点讲述了近百位知名历史人物的故事，架构起从五帝时期到夏、商、西周、春秋、战国、秦、西汉，直到司马迁所在的汉武帝时期的历史主干线。

**第三，这本书里不仅有历史故事，更有司马迁对历史人物、事件的评价。**换句话说，这本书里不仅有客观的历史，还有司马迁的历史观和极具人文关怀的情感表达。

项羽被刘邦打败，没当上皇帝，吕后只是皇帝的妻子和母亲，这两个人为什么会出现在帝王专属篇章"本纪"中？

雇农出身的陈胜只是秦末农民起义的一个小头目，为什么会"落户"于有钱有地有爵位传承的"世家"中？

为什么司马迁当朝的汉武帝的传记是从别处挪来的文字？

郭解只是个黑社会老大、法外狂徒，司马迁为什么会对他充满敬意？

一个陌生女孩的来信让汉文帝废除了肉刑，信中的字句为什么会让司马迁产生深深的共鸣？

种种疑问，司马迁都将在书中亲自为你答疑解惑。

**最后，本书将《史记》高超的文学技艺和相关的百科知识进行了精练呈现，有助于读者提升文学鉴赏和写作水平，丰富背景知识。**

正如鲁迅先生夸赞的那样，《史记》的语言极具文学性，精妙典

雅。司马迁不仅在思想观点上"**究天人之际，通古今之变，成一家之言**"，在语言上也兼收并蓄，采用了很多俗语、谚语。

《史记》中名句众多，富于智慧，读来朗朗上口，被人们广泛引用。本书每篇最后的"史记原典"，精选故事出处篇目中的经典名句，大部分名句附有简短的赏析，以加深读者对精彩名句的理解和吸收。

"史记小百科"则收录了更多与《史记》相关的神话故事、民间传说、文化、科技、制度等百科知识，让读者对历史人物生活的时代有更多的了解。

部分篇目后还附有"史记文学小课堂"，从叙事艺术、人物刻画、场景描写、语言风格四个方面出发，引导读者欣赏《史记》的文学之美，从这部经典作品中学习写作方法，提升写作水平。

这样一套书能大大降低读者阅读《史记》的难度，把纷繁厚重的历史变得亲切易读，让小读者了解历史、开阔眼界、增长智慧，提升作文水平，养成独立思考的习惯，提高历史思维能力，进而激起阅读原作的兴趣，并为阅读原作打下坚实的基础。

# 目录

司马迁 ❶

# 司马迁发来了一条长信息

鸡鸣声此起彼伏地响彻即将破晓的天空，一个并不想早读的孩子从梦里惊醒。这个人就是我，司马迁。准确地说，是儿童时期的我。

我一骨碌坐起来，欣赏了一下窗外风景，再大的起床气也被治愈了。

你问是哪儿有这么大的精神疗效？是我住的河山之阳，河是黄河，山是龙门山，阳是指能被太阳照射到的一面。有山有水有阳光，这是我一生最没心没肺的时光。白天我在这里赶牛放羊，晚上在璀璨的星河下，想象那些闪闪发光的星星上，会不会有一个像我这样歪着脑袋望天的人。要是任由我这么自由地活着、思考着，中国的天体物理学会不会在这会儿就有划时代的发现？我不知道。

可惜的是，这种好日子很快就抛弃我了。年轻的皇帝刘彻——也就是你们熟悉的汉武帝——给自己修了个死后入住的大别墅，叫茂陵。茂陵在京城长安附近，是块荒无人烟的空地。在人间过得热闹非凡的皇帝，忍受不了死后寂寞，就让手下智囊想了个一举几得的主意：把全国各地那些有自己私人帮派的社会哥，以及有一定存款的家族都移民过去，形成一个新的居民区。一来，大家伙儿可以先给皇帝冲冲人气；二来，潜在的危险分子都被弄到天子脚下看管了，能消除很多社会危害。我家就在这个搬迁名单里。

我们符合哪条呢？简单介绍一下我那算不上辉煌灿烂的家族史吧。

咳，我翻了翻族谱后，发现这根本简单不了。厚厚的族谱上

一连串的名字，往上追溯起来，就到几千年以前了。算了，传说的先不提，就唠唠几位我叫得上称呼的祖先吧。我太爷爷叫司马无泽，在本朝高皇帝刘邦时期当"市长"。这个市可不是你们省市县行政区划下的那个市，而是市场的意思。没错，他是个长安的市场管理员。我爷爷司马喜，不知通过啥渠道，获得了汉代爵位中的"五大夫"，这是秦汉二十级爵位中的第十二位，年薪有五百石粮食，养活一家人没问题了。然后就是我那学贯百家的爹司马谈，他现在的官职是太史令，年薪六百石。

按这个工资待遇，我家当然不算很有钱，但你也看到了，我司马家代代做官，月月有余粮，财富累积起来就完全算得上中产阶级了。如果再往上数数，我祖先还在秦朝当过将军，社会地位下滑以后当的也是冶铁官，是真正的家里有矿。在冷兵器时代，会锻造铁，这可是掌握了黑科技。所以，移民政策顺理成章地砸到了我家头上。

我是真不太愿意搬家啊。离开老家，我就等于提前失去了快乐的童年！

为啥这么说？

住到茂陵，算是住进了学区房。我爹司马谈一直很关心我的学业，之前他在朝廷当官，我在老家放羊，鞭长莫及管不着我。现在，我来到他眼皮底下，只能由他规划人生路线了。靠着自己的人脉网，他给我找了两个家庭教师。

提起这两位老师，那真是赫赫有名、名满天下、下笔如神、神通广大、大不一般……他们一个叫孔安国，是咱这会儿最有名的学者之一，也是孔老夫子的后代；一个叫董仲舒，是孔老夫子的思想传人。让他们来教我，跟叫博士生导师给小学生上课有什么区别？我爹真是好大的面子啊。

有了这样两位老师，我这颗即使只是为了显高而长在头上的脑袋，也终于开窍了。十岁的我，从一个放荡不羁爱自由的人，成了勤奋的文史经典苦读生，耳濡目染地，也对儒家那些明知不可而为之、虽千万人吾往矣、有浩然之气的君子们崇拜得不行。可以说，儒家塑造了我的三观。

见我有了一定的知识储备，我爹开始跟我谈理想。他说他的人生有个小目标——接替孔子写一部历史书。这么一说还真是，截至孔子写完《春秋》，从战国到秦朝，再到我大汉开国几十年，这中间有多少英雄人物和圣明君主，都没有留下官方记录呢。或者说得准确一点儿，列国其实都有自己的史书，可秦朝统一天下后，一把火烧掉了。所以，市面上急需一本通史著作。

看到"通史"这个词，你就该知道，这工作量大得离谱。我爹掰着指头数了数，按他的人生长度可能完成不了这事，所以他想到了"世袭"法，让我们父子接力式地写书。

跟我敞开心扉后，我爹更加用心栽培我，甚至申请朝廷出资让我去旅游。在我成年——二十岁那年，坐着朝廷安排的马车，我出发了。

我先南下去了长江和淮河，然后登上浙江的会稽（kuài jī）山，因为，据说这里有圣君大禹留下的痕迹。接着，我拐道去了沅（yuán）水和湘江，爬上神话世界里的九嶷（yí）山，走访了屈原和只比我大几十岁的大才子贾谊生活过的地方。之后我去了

齐鲁故地，就是你们比较熟悉的山东。当然，我来这里可不是为了淄博烧烤，而是访查绵延几百年的齐国历史，然后在邹鲁一带围观孔子遗风。在山东境内兜兜转转打卡了很多历史遗址后，我的下一站目标是文化积淀更加厚重的中原。我在中原的路线，几乎就是沿着孔夫子周游列国的路前进的。最后，我又踏进了庞大的楚国，完成一步一个脚印的地图打卡计划后才重回长安。这就是我的《长安三万里》。

这几年，我就像一个专业记者，采访了好多名人事迹，收集了海量的口述材料。听着那些名人的老乡或后人们声情并茂的讲述，我脑子里都有当年的画面了。我相信，就凭这些一手材料，我写的历史，就算不是最靠谱，也一定是最精彩的！

## 失之毫厘，差以千里。

——《史记·太史公自序》

**译文** 开始的一点点差错，最后都会形成很大的差别。

史记小百科

### 爵级是什么？

　　秦国在商鞅变法后，按军功行赏封爵，共设置了二十级爵位，这是普通老百姓的上升空间。

　　这些爵位有什么作用呢？秦国时期，如果获得了五大夫的爵位，就可以成为收税一族，有三百户人家的税进入你的口袋。到了汉代，五大夫大贬值，只能享受免除本家的徭役。

九嶷山留念

# 司马迁 ②
# 《史记》真的来了！

　　旅游回来后，我实现了个人阶级飞跃——当官了。皇帝给我的职位是郎中，请注意，这不是给人看病开药的江湖医生。我的工作内容，主要是贴身跟皇帝聊天，以及听他跟别人聊天。

　　有我爹的关系，皇帝对我还算照顾。后来，朝廷想要开发西南版图，就让我又出了趟远门。主要是博望侯张骞死了，这才轮到我。这一次，我路过的地方换成你们熟悉的地名就是四川、重庆和云贵地区，终于完成了全国脚印的最后一块拼图。

　　正当我还兴冲冲的时候，现实给我来了一记重拳。我回来的时候，我爹竟然已经病得奄奄一息了！他握着我的手跟我重申了愿望——写书，写历史书！

　　死前还在给我布置家庭作业，确实有点儿狠了。不过我很能体谅他，他想出名，想像孔老夫子一样名垂青史。这个愿望，只有写一本流传后世的书才能达成，而能助他完成这个愿望的人，只有身为儿子的我。我出名了，他的大名肯定不会被历史雪藏，这也是他对我要求的孝道。

有小伙伴已经开始抢先剧透，说《史记》要来了。还没那么早呢。

我爹死后三年，我子承父业接替他当了太史令。那现在可以开工了吗？别误会，太史令虽然有个史字，但它的职能不是埋头写史书，而是抬头看星星，给国家推算节气、制定历法的。我远古一个叫重、一个叫黎的祖先，做的就是这个工作。我们这也算是家族传承。

虽然我对天文很感兴趣，但每个人都有自己的天赋值，和真正的天文大家比起来，我算才刚入门。所以这活儿我干起来还挺吃力的。

元封六年（公元前105年）的某个工作日，我像往常一样上班，一会儿闲坐着，一会儿跑到简单的仪器那儿瞅两眼天空，就这么无聊地混到了下班。然而，夜幕刚降临，我就发现了一个惊人的现象，日子过乱了！

我没敢轻易声张，又默默一连观察了好些天，这才把猜测证实了。

我是怎么发现异常的呢？很简单，月亮"球美心善"，它每个月都有很清晰的圆缺规律，帮助我们判断日子。可是这些天来，本该是最圆的十五，它却犹抱琵琶半遮面；该是玩消失的日子，它却照亮我前行……如此紧要的重大发现，皇帝知道了还不得奖励我几朵小红花？我赶紧给部门大领导打报告，邀约大家一起去找皇帝建议修改历法。

我们家皇帝听到消息倒是很重视，但最后，这项工作还是被民间高手落下闳（hóng）等人给抢了风头。他们重新推演、丈量，然后搞了一个新历法叫《太初历》。这个历法更新了很多内容，其中最值得一提的，是确定了正月初一是一年的第一天，也就是大家熟悉的春节啦。在这之前，我们大汉可是把十月当一年的第一个月的呢。也因此，落下闳得了个"春节老人"的外号。

　　说实话，我对他们推出来的这个新历法并不满意，里面的漏洞很多。可数学实在太难了，我们十几个相关工作人员推算出来的，竟然是十几组不同的数字，只有落下闳和另外一个民间高手得出的结果相同。就这情况，谁看了都会觉得只有他俩对吧。毕竟，

不存在抄袭的情况下，得出一样结果的才比较可信。完全不懂行的皇帝也就选择了采信他们。

为了奖励这些民间高手，皇帝还把其中一位提拔当了我的副手——太史丞，这就像当众给了我一个大嘴巴子。哎哟，想起这个，我的脸还感觉有点儿火辣辣的。

好气呀，但还是要保持风度。哼哼，谁还没有个专业特长，我的特长是写史书。就在这段时间，我终于决定动笔开整那部拖了好久的通史。先给它取个名字，就叫《太史公书》吧！没错，它最开始是这个名字，听说是到了东汉末年的时候被改成了《史记》。它真的要来了哟。

写这部巨作之前，我先跟同事们打了声招呼，对我写作的原因做了简要说明，免得大家误以为我在摸鱼，或者可能有不怀好意的人会举报我写的内容。毕竟，我可是准备把我身边的人和事，以及他们的祖祖辈辈都写进去的。当然了，事先声明还有一个重要原因——写史书不是我的主要工作。

我前面也提过，太史这个官职的工作内容，并不包含记录历史。我跟你们科普一下它的历史哈。

早在西周时期，中国就有了太史这个官职。当时，太史是个大官，负责主持祭祀、起草法典法则这种治理大事。同时他们还要观测天象，制定日历。到我大汉朝，太史令地位降低了，工作内容也减半，只负责天文历算，记录天象的变化而已。如果广义一点儿，这也算是历史的一种吧。

那么，什么官职是负责写历史的呢？《周礼》里说，周朝把记录历史的工作分得很细。"小史"负责撰写天子和王畿（jī）内（首都附近）诸侯的世系，"内史"负责写天子发布的命令，"外史"负责写天子下发到地方诸侯的命令，同时还要管诸侯各国的地方志，等等。这些都属于记史的工作，即记录当时发生的事件和人物言行，然后留档保存当史料。

我写《史记》，属于"修史"。修，就是从那些档案里收集大量零碎的记录，加工整理写成完整的、有故事线的历史书。二者的关系就好像……唔，就像做菜时一个是买菜的，一个给做成菜肴端上了饭桌。

所以，我的修史完全是个人行为，是我们父子俩的志向，并不是工作职责。

那么话不多说，从今天起，我不仅带来了《史记》，还要打开我的厨房，让大家一起来参观《史记》生产和加工的全过程。

**史记原典**

夫君不君则犯，臣不臣则诛，父不父则无道，子不子则不孝。

——《史记·太史公自序》

**译文** 如果国君不像国君，他的权力就会被臣下侵犯；臣子不像臣子，就容易被诛杀；父亲不像父亲，就会违反人伦常理；儿子不像儿子，就不会有孝心。

**赏析** 这是解释孔子所提倡的"君君臣臣父父子子"。在中国古代，君臣父子是社会关系里链接最强的关系。君王只有一个，所以首先对他提出道德约束。接下来的臣子，除了身上的官职，他的家族身份是父亲和儿子，约束了每一对父子，让父亲不昏聩（kuì）无道，儿子懂孝顺，尊敬父亲和君王，整个社会关系就和谐了，国家机构才能正常运转。

史记小百科

# 汉朝当官竟然可以拼爹？

司马迁那会儿，想当官不一定要考公务员，还可以走拼爹的门路。如果某人的爹在朝中担任两千石年薪的高官满三年，就可以随机抽取一个儿子进入官僚队伍。

这只是朝廷设置的条件之一。如果爹的人缘不错，皇帝对其印象良好，也有可能让儿子获得这种福利。比如，司马迁的爹司马谈并没有在短时间升职加薪到两千石，他还蹲在太史令坑位上呢。但是，太史令属于钱少事重的岗位，经常要跟皇帝报告天象变化，有一定的话语权。而且，司马谈才华出众，能为皇帝提供陪聊服务，聊开心了，司马迁就拿到了这个福利。

史记文学小课堂 — 叙事艺术

# 有观点，有态度

《史记》是一本有观点、有态度的历史书。书中不仅有客观的历史事实，还有司马迁对历史人物和事件的评价。

司马迁专门设立了一个历史评论小板块，叫"太史公曰"，大致相当于"太史公有话说"。内容包括对本篇人物、相关史实的评价，以及司马迁的个人经历、收集资料的过程等，但整体以评论人物的性格与行事为主。司马迁当时的职位是太史令，太史公是他的自称，也是当时人们对太史令的尊称。在《史记》绝大部分篇目的最后面，你都会看到这个板块。也有少数几个篇目，"太史公曰"在篇头或篇中。

正是因为司马迁这个太史公太有名，后世的人们提到"太史公"时，通常特指司马迁。

司马迁 ❷

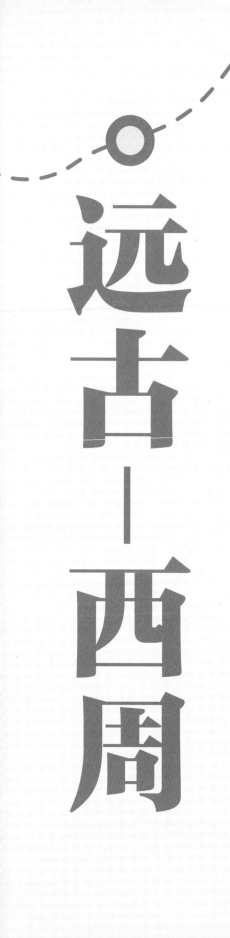

远古—西周

黄　帝　远古时代的部落联盟首领，五帝中的第一人，炎黄子孙的老祖宗。

尧　黄帝的玄孙，接哥哥的班坐上帝位，确定四个重要节气：春分、夏至、秋分、冬至，制定了最早的农业生产时间表。

舜　来自阴谋丛生的重组家庭的阳光少年，通过重重考验，接受尧的禅让登上帝位。

禹　治水英雄，卷王之王，为了工作十三年不回家，接受舜的禅让，建立夏朝。

商　汤　夏朝终结者，建立商朝，网开三面，仁爱惠及鸟兽。

周文王　周朝奠基人，重视人才，发展生产，引领部落文明礼让新风尚。

周武王　周文王之子，推翻商朝，建立了延续八百年的大周朝。

周　公　周武王之弟，文能造梦制周礼，武能打仗平天下，一心一意辅佐大侄子周成王。

姜太公　渭水边直钩钓鱼钓到周文王，辅佐周武王推翻商朝，被封在齐地，为齐国创始人。

## 黄帝
# 有一个祖先叫黄帝

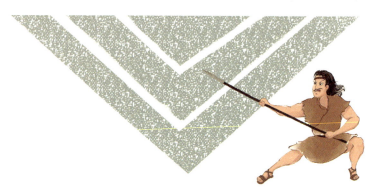

俗话说，万事开头难，我的《太史公书》，该从哪里入手呢？

杀死了无数脑细胞后，我为这本书架构了一个宏大的体例：以人物为线索，分为一统天下的天子或帝王，仅次于天子但仍然是收税和吃肉一族而且家族能世代相传的诸侯，然后是下一级的将相大臣和一些有特色的小人物。这就是书里的"本纪""世家"和"列传"三个主要部分。天子、诸侯、臣子和普通人，就是组成一个正常运转的国家的各个阶层。也就是说，这本书的结构，正是我们这个时代的国家结构。

有了这个"划重点"导读，再翻开《史记》，是不是就清晰多了？而且现在也可以让你知道，咱们开篇第一位，一定是个伟大的帝王。

那么，谁来当这个第一人呢？

我连夜翻遍古籍，《诗经》《尚书》里最推崇的古帝是大禹，《论语》《孟子》里说伟大的是尧、舜，再后面一点儿的《尸子》《山海经》里，又说有个叫黄帝的很牛。另外，《易经》《尚书》《国语》里还有神农氏、太昊、伏羲这些大帝。他们每个人距离我少说也有两千年，就跟我距离你们公元 2000 年以后的人一样，远得连脚后跟都望不见。我没有魔法把他们召唤到同一个时空打一架分个胜负，只能从中选一个最具代表性的了。

我想到了一个"科学"的解决方法——把这几位的名号排成一排，点到谁就算谁吧！

呃，被抓出来的是黄帝。黄帝啊……我记得《国语》里记载："昔少典娶于有蟜（jiǎo）氏，生黄帝、炎帝。"好吧，就让黄帝出来挑大梁，由他组建一个大华夏系统吧。

你们骂我不负责，随便给大家找个人文始祖？这真不怪我。何况，我其实很慎重，不仅翻了书，还翻山越岭，亲自走访那些仍在传说黄帝和尧、舜的地方，采访了那些年纪大到看起来就跟黄帝同一时代的老人家，最终发现，确实只有黄帝最有群众基础。而且大伙儿说的内容和书上写的都差不多，这算是我验算之后最可信的了。

黄帝是什么人？《国语》说他是少典的儿子，少典是一个远古部落的首领。靠这点儿只言片语，我肯定完不成黄帝的整篇传记。幸好，还有"黄帝老乡"们的口耳传授。他们提供了不少信息：黄帝名叫轩辕，生下来就与众不同，灵性贯穿了一生。比如，别人要一岁才能蹦出几个单音，三岁才能有点儿语言组织能力，而他三岁之前就已经能言善道、词汇量惊人了。一步超前，遥遥领先。很小的时候他就表现得非常机敏，成年后，整个部落的人智商加起来都比不过他。如此出色，等少典去世后，部落顺理成章就传到了轩辕手里。

轩辕当部落首领的时候，天下还有一个"共主"，或者叫大统领，就是神农氏。请注意，神农氏可不是一个人，而是一个世代相传的部落名号。此时，神农家族人才凋零，大统领也当得很落魄。各个小部落不仅不去送礼物喊大哥，还经常为了抢夺瓜果、兽皮互相打群架，神农氏根本没能力管。

　　轩辕见状，很想帮神农氏管管事，就把部落里有点儿力气的男性成员都集合起来训练，然后专打不听话的部落。小部落都干不赢青春活力的轩辕部落，纷纷跑来低头认错。只有两个部落例外。

　　一个叫蚩（chī）尤的部落，因为首领蚩尤凶猛，部落成员人均肌肉发达，轩辕暂时也不敢惹他。还有一个叫炎帝的部落，他

看到轩辕老弟出手，生怕落于人后，也想用武力捡几个小部落当自己的小弟。可小部落们前面才被轩辕狠揍过，跟他签了保护协议，于是纷纷携家带口去求轩辕做主。

有记性好的小伙伴举手提问了：不对呀，《国语》记载不是说黄帝和炎帝都是少典生的吗？他们是亲兄弟呀。亲兄弟分家、分部落就算了，怎么还闹到要打架的地步呢？而且，江湖传言，不是说炎帝就是神农氏部落里的一位首领吗？

咳，事迹遥远，传说混乱，确实有这么一说。不过，以我纵横山河，实地采访过那么多地方的经验来看，炎黄是兄弟、神农即炎帝的说法，实在比较小众。根据少数服从多数的原则，我就没采用那些记载了。

话说回来，轩辕接受各部落的求援，就必须拿出大哥的架势，跟炎帝正面干一次了。不过，炎帝家族也是一个古老的部落，轩辕不敢掉以轻心，开始了一系列的战前准备工作。轩辕先是举行了一场阅兵仪式，彰显武力，然后画风一转，挑选专业人才去研究季节变化，分清什么季节适合种植什么，再吩咐壮丁们开荒种地。最后，他又召开动员大会调动大家的情绪，以求提高部落自信。

说到这里，我不得不感叹，轩辕不愧是当时的智商天花板。他先着手播种工作，是在为战争和战后做铺垫。如果胜利告捷，大伙儿正好能收粮食回家过年。万一没打赢，他们也有丰厚的后勤保障，部落里的人也饿不着，还能卷土重来。

准备得差不多之后，轩辕终于向炎帝部落发起了群体互殴邀约。

那么，这场群架的结局怎么样？双方在一个叫阪泉的地方连战了三场，轩辕的部落打败并且兼并了炎帝部落。一段时间后，两个部落的人都交上了朋友，也开始了通婚，最终融合成了一个大的华夏部落。这就是大伙儿开口就说"我们是炎黄子孙"的原因。

呃，准确地说，这也是我司马迁给大家创造出来的版本。

炎帝认输后，蚩尤傻眼了。眼睁睁看着轩辕像贪吃蛇一样，把周围部落全部吃成了相亲相爱的一家人，他当时就坐不住了。轩辕当然也知道一山不容二虎，他们和蚩尤部落终究要打一架定胜负。

选了个天气阴晴不定的日子，轩辕部落和蚩尤部落在一个叫涿鹿的野外摆开阵势，开启了几天几夜的厮杀。这场战争，在奇幻图书《山海经》里被写得很神奇，什么云遮雾绕，狂风骤雨，人间可见度为零。神龙出来作法，连天帝的女儿魃（bá）都被邀请下来助战。终于，没有那么多神界人脉的蚩尤逐渐落败，战死在沙场上。现实当然没这么奇幻，不过，蚩尤打了败仗被杀是事实。随后，那些跟他组团的小部落纷纷举白旗投降了轩辕。

轩辕武德如此充沛，小部落们干脆也不管什么神农氏了，集体跑去推选轩辕当天下共主。面对这次选举，神农氏的天子也很无奈，论武力打不赢，论人数吵不赢，只能躲起来哭唧唧了。

成了天子以后，轩辕也没歇脚，哪里有不平，他就去哪里教别人做人，一生都没安定下来睡个好觉。他东去过东海，登上丸山和泰山，西到过崆峒（kōng tóng），爬上了鸡头山，南到了长江，登了熊山和湘山，往北还赶跑了一个叫荤粥（xūn yù）的少数民族。在涿鹿一带的釜山，他召开了一次诸侯大会，让大家签订同盟协议，然后在涿鹿山脚下建了一座城，定为首都。

消灭完这些大小势力，接下来是治理工作，轩辕设置了很多帮自己治理天下的官。这些官应该怎么取名呢？伏羲氏以龙做官名，神农氏用火做官名，少昊氏以鸟命名……轩辕抬头看了看天，好多云啊，干脆就用云给官职起名吧。青云、白云、黑云、黄云，都成了官名。

轩辕给官员起名，官员也送了一个帝号给轩辕。他拥有很大面积的土地，土是黄色的，大家伙儿就把他叫"黄帝"。

再之后，黄帝就随着我的《太史公书》成了公认的华夏文明的始祖。没想到吧？我也是个"带货达人"。

天下有不顺者，黄帝从而征之，平者去之，
披山通道，未尝宁居。

——《史记·五帝本纪》

**译文** 天下有不归顺的，黄帝就征讨他们，平定了就离开，一路上劈山开路，从来没有安宁地在哪里定居过。

史记小百科

## 炎帝是个部落世系，不是一个人名

正文里，我们一会儿说"炎帝"，一会儿又说"炎帝部落"，它到底是一个人名，还是一个部落名呢？其实，这里面涉及很多复杂的概念。简而言之，炎帝不是一个人名，而是一个尊号。同时，它也是一个部落名称，甚至还是一整个以炎帝为号世代相传的系统。

上古时期，每个部族都有自己崇拜的图腾，部落的历任首领们也都沿用一个称号。比如炎帝，最开始，他应该是一个人，聚合并组建了一个大部落，大家尊他为"炎帝"。然后，"炎帝"也成了其他部落对该部落的称呼。等这位炎帝去世后，这个部落的新首领仍然沿袭炎帝称号，所以，"炎帝"就变成了"三号一体"。实际上，部落首领正确的全称应该是炎帝某某。

这个推理在文献中也有例证。周人的始祖弃因为种植才能，在大禹时担任后稷（jì）这个官职，他的子孙后代也都学习了祖上的技能，代代承袭父职成为后稷，于是，后稷就成了他们的称谓，也成了一个世系。

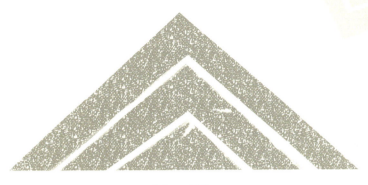

尧、舜

# 这天下给你要不要？

嗨，各位小伙伴，我是你们还不太熟的老伙伴，司马迁。

前面说过，我设定了一个以黄帝为老祖宗的华夏大家族，所以，在写《五帝本纪》时，儒家最推崇的那几位圣君，比如尧、舜，都被我安排成了黄帝的直系后代。

你问五帝都是谁？黄帝、颛顼（zhuān xū）帝、帝喾（kù）、尧帝和舜帝。

你问这个家谱怎么排？我给你们列列。

黄帝作为天子，要跟很多部落联姻，他的正妃出自西陵部落，叫嫘（léi）祖。嫘祖生了两个儿子，一个叫玄嚣（xiāo，即少昊），一个叫昌意。昌意的儿子叫颛顼，他接替黄帝统治天下。没当天子之前，他的封地在一个叫高阳的地方，他就被尊称为帝高阳氏。

颛顼之后，首领的位子传给了他的堂侄，也就是玄嚣的孙子喾手里。喾封在河南商丘的高辛，尊号就是帝高辛氏了。

帝喾是个很有能力的天子，倾慕他的女子也很多。他娶了很多老婆，其中有个出自陈锋氏的女孩，生了一个儿子叫放勋，就是后来的尧帝。捋清楚了吧，尧帝就是黄帝的玄孙。

再看舜帝。他是颛顼帝那位没当上天子的孩子的后代。这次，我们倒着往上数。舜帝叫重华，重华的爸爸是个盲人，人送外号瞽（gǔ）叟，就是盲老头儿的意思。瞽叟的爸爸叫桥牛，桥牛的爸爸叫句望，句望的爸爸叫敬康，敬康的爸爸叫穷蝉，穷蝉的爸爸就是颛顼帝。颛顼帝的爷爷是黄帝，所以，舜帝是黄帝玄孙的玄孙。

发现没有？即使过去那么多年，传了那么多代，天下都还在黄帝两个儿子的后代手里。他们可是根正苗红的"炎黄子孙"。

数完家谱，还是让我们把视线拉回到尧、舜二帝身上。这二

## 五帝世系图

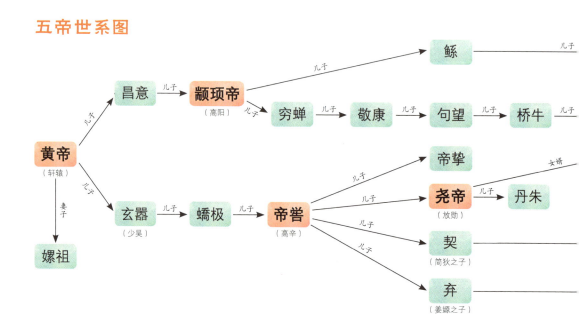

位虽然血统高贵，但要当上天子，中间还有很多故事。

前面说了，帝喾娶了很多老婆，比如后来商、周的祖奶奶——简狄（dí）和姜嫄（yuán），都是他老婆。《山海经》里，就连传说中的嫦娥也是帝喾之妻，在那里他叫帝俊。好了，不扯远了，在我考察到的版本里，帝喾还和一个叫娵訾（jū zī）的部落联姻，生了个孩子叫挚。挚是帝喾最宝贝的孩子，所以，帝喾一撒手，挚就顺利上台了。可挚的思想品德课没学好，经常胡作非为，搞得天下人都忍不住在背后吐槽。然后，帝挚就失去了自己的帝位。

至于怎么丢的，我听到过很多个不同的版本。有些人说，帝挚死了，帝位才轮到被他封在唐地的弟弟放勋；也有人说，帝挚经常被诸侯丢垃圾、扔鸡蛋，他自己受不了这种全民喝倒彩，就把帝位禅（shàn）让给了老弟。

事实究竟怎样，咱也不知道，咱也问不到当事人了呀。总之，

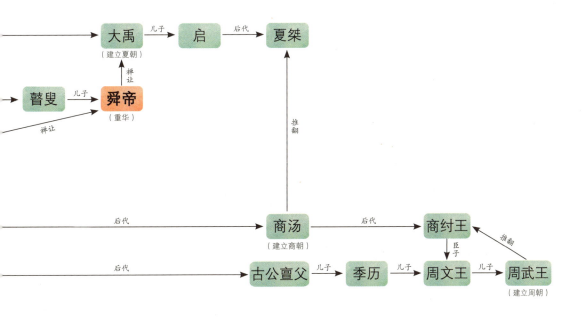

尧接的是哥哥的班。

因为老哥在位的时候开了几年倒车，尧花了很长时间才把部落重新扶上正轨，然后，大家就又是相亲相爱的一家人了。

尧距离黄帝很远了，当时天文方面的专家还没能力认识自然，不能推算出几十上百年的历法，所以，黄帝发行的日历到这会儿已经对不上现在的日子了。于是，尧帝派出了自己的天文专家，开始对日月星辰进行"盯盯"业务，观察、记录它们的运行规律，最终制定出符合他们那个时代的历法。历法确定了一年有四季，设置了适合农耕的几个重要节气。尧召开群体大会，把这一最新科研成果告诉大家，让他们根据正确的节令去播种生产。社会恢复了勃勃生机。

后来，辛辛苦苦为天下工作了几十年的尧帝累了，想躺平了，便开始找接班人，于是开启了一轮官员举荐。一个叫重华的年轻人的名字进入了尧帝的耳朵里。这是个什么样的人呢？那自然是德才兼备，样样皆优。手下人开始拿他的家庭危机举例——

重华的爹是个盲人，他亲妈死得早，爹爹又娶了后娘，而后娘是个心狠的蠢货，异母弟弟更是傲慢又狠毒，把所有坏品质都集合于一身。这个重组家庭比云南的毒菌子还要毒，三番四次设陷阱想弄死重华。重华有没有变成法外狂徒，实施反击？并没有。他跟爹妈、弟弟都相处得很好，既能尊敬长辈，又能友悌（tì）老弟，挽救家族于违法犯罪的边缘。

尧一听，这是个人才啊，有胸襟，也善于处理人际关系，肯定能干大事。不过，传位不是传谣，实在不能轻率，那就给他出道测验题吧。测验的方法，是把两个女儿嫁给他。

有人说，把天子的女儿嫁给穷小子，这怎么是测试，完全是福利啊。嘿嘿，这你们就不懂了吧。帝王的女儿，虽然也要受教育，但很多都养成了骄纵的性格。俗话不是说了吗，自古公主难嫁。把女儿嫁给重华，她们随便刁难刁难，重华的真实人品不就展现出来了吗？

结果很快出来了，重华果然有本事，竟然让两个尊贵的女人完全放下架子，自愿跟他夫唱妇随。

尧帝心说，小伙子行啊，忙又出了第二道、第三道、第四道……这一考，就考了三年，而重华次次都处理得很完美。尧帝终于放心了，打算正式把帝位传给他。重华赶紧推辞，可尧帝退休的心意已决，想享受几年晚年的舒适生活，选好日子就举行了禅位典礼。从此，重华就是舜帝了。

说是禅让，其实，尧还处于半退休的状态，他让舜当代理天子，自己还在悄悄观察着呢。舜帝上任后，展开了一系列文化统筹工作，给底下的员工设置了合理的奖惩制度，然后亲自东奔西走地巡视全天下，跟各地的诸侯联络感情，顺便监察他们的忠诚度。等年尾回家，交给尧一份年终总结，尧帝看了很满意，把心彻底放回肚子里，给老天打了个报告，以后有事就找这位小伙子了。

二十八年后，尧帝死了。服丧完毕，舜帝又表演了一次让位——要把帝位让给尧的儿子丹朱，自己溜到一边玩起了归园田居。结果，其他的部落首领不同意了。当初尧帝就说过，丹朱不是个好家伙，如果把天下给他，倒霉的是天下人，给舜帝，倒霉的就只有丹朱一个人。这么好选的选择题，当然是损一人利天下呀。所以，那些首领都只拥戴舜，而没人搭理丹朱。舜感受到了大家的热情，以及天下人对自己的需要，这才回去登上了帝位。

史记原典

**聪以知远，明以察微。**

——《史记·五帝本纪》

译文 聪慧的人可以看到很长远的事，明见的人观察事物细致入微。

# 十二星座测性格？中国有十二星次

史书记载，帝挚的妈妈出自娵訾氏，其实，娵訾还是古代十二星次之一。

中国古人观天推算日历的时候，在太阳行走的轨道——黄道线上（实际上是地球自转，但站在地球上观察，以为是太阳在走），发现了周围的很多星星。为了和一年十二个月相应，再搭配二十四节气，他们把这些星星划分成十二个区域，每个区域取一个名字，分别是：星纪、玄枵（xiāo）、娵訾、降娄、大梁、实沈、鹑（chún）首、鹑火、鹑尾、寿星、大火、析木。这就是中国的十二星次。据说，这是在黄帝时期就观测并总结出来的。

十二星次最早主要是用来记录木星位置的，后来逐渐也演变出了占卜作用。它们可以对应西方的黄道十二宫，也就是十二星座。命理家把十二星次各自编上了相应的特性，用来对应人的性格和命运。在这个系统里，如果你出生在公历2~3月，对应的星次就是娵訾。命理家知道了你的星次，就可以据此推算你的先天性格、天赋、处事风格、运程等等。当然，还是要强调一下，这些都是娱乐，不要迷信，从而定义自己的人生哟。

禹
# 那些年没有错过的大禹

　　前面告诉过大家，在黄帝名号还没有响彻江湖时，大禹在各种古籍里就已经是人人钦佩的上古首领了。所以，咱们的书里怎么能少得了他呢？之所以没有把他列入《五帝本纪》，是因为他要住在自己家——《夏本纪》。

　　那么，在大家都是"炎黄子孙"的系统里，大禹是黄帝的什么人呢？

　　数数家谱，大禹的爸爸叫鲧（gǔn），鲧的爸爸是颛顼帝，颛顼帝的爸爸是昌意，昌意是黄帝和嫘祖的孩子。所以，大禹是黄帝的玄孙，黄帝是大禹的高祖。

　　其实，这里有一个很大的错误，不知道聪明的小伙伴发现没有？对，时间对不上。前面我们数过尧舜的家谱，尧帝是黄帝孙子的孙子——玄孙，舜帝是黄帝玄孙的玄孙，大禹又是黄帝的玄孙，而大禹曾在舜帝手底下打过工。按这个家谱，大禹应该跟尧帝是同辈。即使舜帝家的孩子代代都比别人生得早，他也很难跟尧、禹同时。

你一定想问了，那我为什么要这么写？说实话，这事儿实在太久远了，我也找不到确凿的资料，只能别人说啥我就照录下来。悄悄说一句，上古的时间线别太当真，主要看故事。

咳，终于把这节让我脸红的内容翻过去了，回到大禹的主场。我保证，这位让全民有共同记忆，又老早就出现在书简里的大禹，他的真实性一定是上古帝王中最靠谱的。

大禹也不叫禹，禹只是大家送给他的尊称，他本名叫文命。虽然是黄帝的玄孙，但家里已经好几代没当家做主子了，家族早已没落。那么，禹是怎么重新崛起的呢？这得从尧帝那会儿说起。

尧在位的末年，天灾忽然来叩门。寂寞的洪水很想到人间玩玩，淹了丘陵淹高山，老百姓很痛苦，尧帝很痛心，不知道谁有治水才能，只好叫手下人来一次人才举荐大会。大伙儿猜不透老大是怎么想的，有个人顺势拍马屁："您大儿子丹朱很合适呀。"尧摆了摆手，不屑地表示："这个又蠢又凶残的家伙，不能用。"然后，大家又举荐了好几个上古名人，比如撞不周山的共工、大禹的亲爹鲧等，都被清醒又有识人之明的尧否决了。最终发现实在没人，才放手让鲧去干，结果鲧一连治了九年，业绩"扑街"，让人没眼看。

之后，尧帝"摆烂"，舜帝上台，他的首要任务也是治水。

舜巡查了一遍各地，治水的事先不说，上来就把工作干得很差的鲧给杀了。杀了他，还有合适的人选吗？鲧的儿子禹呀，让他"父债子偿"。

如果治水是祖传技能，鲧都搞不定的，禹就行吗？还真行。

接过老爹失败的工作，禹变得特别勤奋。毕竟，不能父子两代都在同一个地方摔一辈子。禹带着两个同事，开始了天下各地的考察，观察那些高山和大湖，把所到之处的地势都记在了心里。因为想一雪前耻，禹工作起来比别人都卷。卷到什么程度？他在外跑了十三年，几次经过家门口都没进去瞧一眼家人。

这些年，禹的老婆是错过了大禹，可天下人没有错过。是的，他成功了！

禹和鲧的治水方式有啥不同吗？通俗地说，鲧是发现哪里有水就给哪里堵上，这个治标不治本的办法，最终往往都是以决堤淹没更多人为结局。禹是在勘察地形，了解了水流走势后，哪里有大水就在哪里挖掘通道，把洪水疏导到下游缺水的地方。

在治水过程中，禹也不是只管水，而是一路开山造田，一步步解决人民群众的生存问题。比如，遇到哪里的群众生活条件差，他就让手下发放粮食，然后让古代的袁隆平爷爷——后稷就地教大家学会分辨土地，选择合适的田地种植五谷。可以说，大禹走到哪里，就给哪里带去了希望。

在各地跑的时候，禹还把华夏的领土划分为九个州。每个地方的土地、物产，他都记录在案，方便给大家列出阶梯式的纳税

法则。土地肥沃、特产丰厚的地方就多交点儿东西，资源贫瘠的地方就少交点儿，看似不公平，其实是最科学的方法。这就像一个家庭里的几个孩子，谁如果过得穷一点儿，当爹妈的总会想办法补贴他一些。不是偏心，而是为了大家都能长久地生存。

看到这里，我开始理解了上古的首领们，为什么喜欢把高高在上的天子之位让来让去了。因为，当天子真的不一定是享受，在这个能力越大责任越大的时代，他们要冲在第一线，亲自带着大伙儿搞开发，没点儿体能和毅力，真干不了这辛苦活儿。真正是铁鞋都要被踏破。

因为禹不辞辛劳地解决了大洪水的灾难，所以，几千年后各地都还流传着"大禹在我们这儿治过水"的传说。舜帝看禹能力这么出众，在年老准备退休的时候，把他介绍给了上天，意思是，以后出问题找他哟。

等到舜帝去世后，禹就想把天子的位子让给舜的儿子，可天下的诸侯只认舜帝指定的继承人禹。这时，禹就即位为天子，建立了一个王国，国号为"夏"。

禹在快完成历史使命的时候，也找了个信任的大臣皋陶（gāo yáo），想让他继续接班。但皋陶还没有继任就去世了，禹只好又换了个人选。结果，那些小部落的首领有自己的想法，他们感谢禹给大家带来的安宁，又觉得禹的儿子启人品也不错，于是都争着要让启上台。就这样，禹死后，启成了天子。

尽管禹明明是"尧舜禹"这个圣君组合里的，可我这本书还是只能让他进入《夏本纪》的首页。因为，自启以后，天子之位就不再由上一任指派了，而是变成了由亲儿子接替。从此，"本纪"里的人，就都出自父子相承的家族。

鸿水滔天，浩浩怀山襄陵，下民其忧。

——《史记·夏本纪》

**译文** 洪水滔天，浩浩荡荡，包围了高山，漫上了丘陵，百姓为此很忧愁。

**赏析** "怀山襄陵"是一个不常用的成语，形容水势很大或是洪水泛滥。山和陵分别是高山和丘陵，都是高地势的地方。怀和襄，此处可以解释为怀抱和冲上。这个成语最早出自《尚书·尧典》。

## 大禹的妻子是狐狸精吗？

《史记》里，大禹亲口说过一句话："予娶涂山，辛壬癸甲，生启予不子，以故能成水土功。"更古老的《尚书》里也说："予创若时，娶于涂山……"意思是，大禹的妻子是涂山氏的一个姑娘。他结婚后不久就忙着去治水，生了儿子启也顾不上去教养，这才成就了治水之功。大禹为了治水，每天在外面辛勤奔忙，三过家门而不入，他妻子涂山氏还创造了一首一句话的民歌："候人兮猗（yī）。"大意是，每天都在等候。

这些记载里，大禹明明娶的是一个人类，为什么后来被传成了狐狸呢？有一本叫《吴越春秋》的书里编了个故事，说大禹到了三十岁还没结婚，走到涂山这块地方，突然想娶妻了。这时正好有条九尾白狐来了，大禹觉得是个好征兆，就娶了涂山氏的一个女子。

故事里，涂山这一带不仅有人类居住，还有白狐出没，当地还有歌说："绥（suí）绥白狐，九尾庬（máng）庬。我家嘉夷，来宾为王。"后人因此误传，把涂山一族都说成了白狐族。

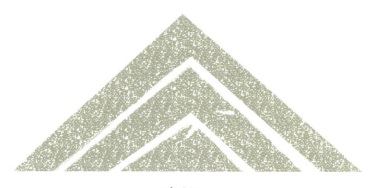

## 商汤
# 网开三面才算仁慈

今天，我们翻过传说时代这个历史序幕，终于来到了真正有记载的商朝。

在"尧舜禹"这个组合里，有时候还可以挤进另一个人，那就是建立商朝的汤，统称为"尧舜禹汤"。汤是什么人？名气比上面三位上古圣王似乎小很多，他是来凑一桌麻将的吗？汤不会打麻将，倒是很擅长打暴君。

要开讲汤的简历，相信大伙儿都摸索出固定模式了：数数他跟黄帝是什么关系。确实，我的《太史公书》里，每个大人物的祖先，都得是黄帝。汤和黄帝的关系网怎么编写呢？先得有个中间人物——契（xiè）。

汤经常私下念叨，他可以查到名字的远祖叫契。汤和族人在给祖先们投喂香火的时候，还编了组著名的歌舞节目，歌词开头就说："天命玄鸟，降而生商。"翻译成大白话就是，老天派了一只玄鸟，降落人间生下了我们大商的始祖契。玄鸟就是大家熟悉的黑燕子。

鸟生人？这不符合生物学常识啊。进入义务教育的你们都知道，鸟是卵生动物，下的是蛋，我们人类是胎生的哺乳动物，完全不在一个系统嘛。别急，这是商人为了证明自己是老天爷的亲孙子，从而凭空编造的创世神话。咱们有办法让它合理化。

好激动，体现我历史学家水平的机会到了！我翻了翻商人编的那些歌词，其中还有一句："有娀（sōng）方将，帝立子生商。"意思是有娀氏刚刚崛起，帝迎娶了该族的一个姑娘，生下了商的祖先契。

有了这些资料，刀笔在手，我司马迁就可以补充出一段有理有据的历史脉络了。请大伙儿不要喝水、上厕所，一起聚精会神来围观我改写的故事新编。

根据我多方探访，这位有娀氏的姑娘可能叫简狄。有一次，简狄约了两个朋友一起到野河洗澡，路上看见一颗玄鸟蛋，她二话不说捡起来就吞了，结果吃完就吐了。不是不讲卫生吃生蛋恶心吐的，而是当

场有了怀孕的反应。十个月后，一个大胖小子呱呱坠地，这就是契。瞧，这不就把鸟生人变成人生人了吗？

　　问题来了，迎娶简狄的那位帝是谁呢？虽然，契的出生好像他也没帮上什么忙，但咱不能让契生活在单亲家庭里呀。契是和大禹同时代的人，他的老爹只能在这之前了。一道灵光投来，我想到了一个合适人选，有请前文出现过的某个上古帝王出场！

　　还记得我说过，帝喾娶了很多老婆吗？前面数了几位，也不怕再多一位简狄吧！是的，帝喾就是我为契找到的好爸爸。帝喾是黄帝的曾孙，那么，契就是黄帝的玄孙了。再绕回来，今天要说的男主汤，终于成了黄帝的后代。

　　从契到汤，中间还有十几代不出名的商人祖先，一律略过，让他们安息吧。

　　时间这么一拨动，夏朝进入了尾声。当初，契作为贵族被封在商丘，所以，商也是夏的一个下属部落或诸侯国。大禹家是老虎生狸猫——一代不如一代。到汤这会儿，天子是一个道德很差劲的人，人送外号"桀"，就是残暴的意思，大家在背地里都恨不得画个圈圈诅咒他去死。桀把自己比作太阳，光芒万丈，永不熄灭。百姓们听了以后，很想找个平台给桀打负分让他认识自己，可当时没这条件，只好私下编歌曲跟桀硬杠。他们说："时日曷（hé）丧，予及汝皆亡。"那太阳啥时候死啊，我愿跟你同归于尽。不得不说，当时的人也是很勇猛的，虽然不敢直接指名道姓骂天子，那就问问"太阳"啥时候死吧。可想而知夏桀时代的人活得多有压力。

汤自然也对桀很不满，但作为一个谨慎的人，他没有跟着唱歌，而是暗暗地立了一个小目标：取代夏朝，开创一个人民群众会给他唱赞歌的时代。

立定志向，汤就开始慢慢积攒力量。具体怎么做？很简单，当个好人。再具体点儿，就得举例说事件了，当然，这难不倒身为故事大王的我。

那是一个天气很好的日子，心事沉重的汤外出散步。当时地广人稀，汤走着走着，就走进了野兽的地盘。不过，他没遇见野兽，而是看见了个猎人。只见猎人铺开一张大网，将四面都围了起来，嘴里还念念有词地给自己今天的工作送祝福："希望天上飞的、地上跑的，四面八方的禽兽都到我网里来。"

汤一听，嚯，这人好贪心啊！突然，汤脑子一转，联想到了夏桀，他不就像这个猎人一样，想把天下的人都关在自己的网里吗？想到这里，汤不禁开始共情野兽们的遭遇，赶紧开口劝猎人："你这样就把禽兽们一网打尽了。"他叫猎人撤去其中三面网。猎人对这个砸自己饭碗的人没好气，不耐烦地说，你这人住海边吗？管得那么宽。

要不要亮一下武器比试比试？汤微微一笑，他不住海边，住在商丘，是商地的老大。

原来是遇上领导了，猎人忙收了三面网，只留下一面。汤还是没走，因为他刚才听到猎人的祝祷词，生怕老天心善如他所愿，于是吩咐猎人重说一遍："想往左边走的，去左边，想往右边逃的，去右边。不听我命令的，就到我网里来吧。"

这就是成语"网开三面"的由来，如果你学过一个叫"网开一面"的成语，请不要惊讶，网开三面就是它的祖宗，它们有演变关系。

汤的这次野外游记，很快经由负责宣传的手下传给了天下人。其他诸侯听说后，都不住地给汤点赞："汤真是仁德到了极点啊，就连禽兽都能受到他的眷顾。"对禽兽都如此仁慈，对同类还会差吗？和残暴的桀比起来，汤简直就像个救世主。就这样，汤赢得了天下的民心。

于是，那些对桀深恶痛绝的人，都手牵手聚集在了汤身边，希望他吊民伐罪，拯救一下大伙儿。发觉力量在一步步变强的汤掂量了自己几斤几两后，终于自称武王，然后带着诸侯联军向夏朝发起了历史性的进攻。不用猜也知道，桀败了，夏朝也亡了，历时近六百年的商朝建立了。

**史记原典**

人视水见形，视民知治不（fǒu）。

——《史记·殷本纪》

**译文** 想要看到自己的样子，可以对着水照。想知道天子当得好不好，看老百姓过得怎么样就行。

赏析 这是商汤说的一句话。他的这个思想在后世流传很远，并得到了延伸。《诗经》里，周人警示自己不能胡作非为时，就说"殷鉴不远"。鉴是一种盛水器，盛了水就可以照见人。殷鉴，意思就是拿殷商人照一照，那些坏事都不能干，否则就要被灭掉。再后来，唐太宗在这个基础上发表了著名的"镜子论"："以铜为镜，可以正衣冠；以古为镜，可以知兴替；以人为镜，可以明得失。"水可以照见人，人可以照见统治的情况。

## "商"还是星星的名字

杜甫有一首诗叫《赠卫八处士》，开头两句说："人生不相见，动如参（shēn）与商。"这个商，就是好几颗星星的名字。而这个参商的典故，又和帝喾的孩子们有关。

《左传》记载，帝喾有两个孩子，大的叫阏（è）伯，小的叫实沈。兄弟俩关系很差，见面就要干一架。帝喾很无奈，手心手背都是肉，也不能偏袒谁，干脆就让他们住到彼此看不见的地方。于是，阏伯被迁去了商丘，主管祭祀辰星，因为商人的缘故后来也叫商星。实沈被送去了大夏，主祭参星。看到这里，你应该发现了，阏伯和契都被封在商，都是帝喾的儿子，没错，他们就是一个人。所以，司马迁根据《左传》的记载，把契安排成了帝喾的孩子。

参星就是中国二十八星宿（xiù）中的参宿，这里有七颗比太阳质量还要大的恒星。商星在心宿，也有三颗恒星。这两块区域距离很远，在地球上看，它们有180度夹角。通俗地说，它们升起的时间是完全错开的，一个从东方升起，一个就落到了西边，永远碰不着面。所以，杜甫那句诗的意思是，人生总是很难相见，动不动就像参星和商星一样，此起彼落，见不到面。

# 周文王、周武王
# 是造反还是起义？

嗨，我是司马迁。我坐在皇家天文台向你们问好。想了解《太史公书》加工过程的小伙伴，请及时上桌落座。

今天，我们的"圣王群"又要迎来新成员，他们是周朝的建立者，周文王和周武王。于是，明君圣主的名单又加长成了"尧舜禹，汤文武"。

为啥别的时代都是一个个来，周朝却一次出两个代表？因为，姬周家的江山，是父子俩接力赛取得的。

和前面一样，周人也是黄帝的后代。而且，他们的祖先传说，差不多是商朝的翻版。

周人可以查到的祖先有两个人。怎么又是俩？难道还是父子俩？非也，这次是母子俩。女性祖宗叫姜嫄，男性祖宗是姜嫄的儿子，叫弃。姜嫄和商人的老祖母简狄一样，也是帝喾的老婆。那为啥周人追溯祖先的时候，不直接追溯姜嫄和帝喾这对夫妻，而只说姜嫄和弃母子呢？因为，和商的祖先契一样，弃的出生也和帝喾没有关系。

姜嫄的故事是这样的：

有一天，姜嫄到郊外玩，看到一个巨人的脚印，觉得好奇又激动，忍不住把脚放进去比画比画。谁知道，不仅路边的野花不能采，路上的脚印也不能随便踩，姜嫄才把脚放进去，就感觉身体有异动，好像突然有个孩子飞进了肚子里。过了十个月，一个孩子降生了。

简狄和姜嫄一个吞鸟蛋，一个踩脚印，双双喜得贵子。我之所以把两个祖奶奶写成"孤雌繁殖"，其实也是有历史背景的。

庄子老先生说过，中国的上古时期大概有一个人们"知其母，不知其父"的时代。因为，当时可能没有咱们这种订契约的夫妻关系，女人可以和看得上的任何人谈恋爱生孩子，当然就不知道"爸爸去哪儿"了。

好了，言归正传。周人的这个老祖宗弃在逐渐长大的过程中，因为一心钻研"植物杂交"技术，掌握了种庄稼的精髓，所以就当上了后稷这个官。没错，这个后稷就是在舜帝和大禹时代出过场的后稷。兜兜转转，天下还都是这一家人。

偷偷解密一下，我把商、周的祖先写成"五百年前是一家"，背后其实还有一个深层目的——给周人取代商朝的行为一个合法性。

在我生活的前一代——汉景帝时代，当时的
学问家谈论过一个奇葩话题，周部落是商的诸侯，
那么周武王灭商，算不算臣子造反，是不是应该判定
为不正确的行为？有人认为，头就是头，脚就是脚，脚再
金贵，也是踩在地上的，不能换到上面去。所以，臣子推翻君王，
那就是不义之举。对方辩手被这比喻说蒙了，但他脑子也很灵活，
问了一个更尖锐的问题：照你这么说，咱们的高皇帝刘邦灭了秦
朝，难道也是造反，也是不义吗？

这话一出，对方完全不敢接茬。在一边旁听并充当裁判的景
帝赶紧出来划定学术禁区："吃马肉不吃马肝，不算不懂美味。"
啥意思？我们经常吃马肉，但认为马肝有毒，所以吃马肉不吃马
肝不算不懂美食，大家讨论学术问题也一样，不
讨论本朝的敏感话题也不算没有才华和见识。

　　我听说过这次讨论，
就把这件事记在了心上，一直想解决这
个名分问题。当我开始写书，我就想到了让商、周祖先
同源的方案。你想，大家本来都是一家人，也都是黄帝的后代，
那么，当商朝从意气风发的少年变成颓废中年，开始有权任性，
残害百姓时，周人消灭他们，自己上台，就不能算是脚跑到头上，
颠倒纲常了。因为，大家本来都是头头呀。

　　嘿嘿，我是不是超级机智？

　　从弃到我们今天要说的周文王和武王，大约有三十多代人，不
过，我实在查不到更多名字，就只写了十五代。后来不少人还拿这
个错误攻击我不严谨。在此解释一下，还请各位大小学者高抬贵手哈。

　　文王的大名叫昌，被商王任命为西伯，也就是商朝西部诸侯
中的老大。西伯这人厚道、仁慈，喜欢跟有才的人交朋友，还特
别尊老爱幼。他掌握了祖传的种植技术，带领人民搞西部大开发，
还贴广告欢迎各地的老少妇孺都来住，吸引了不少人投奔，连在
商纣王那儿混不下去的大臣们都跑来周部落生活了。

　　名气高涨后，诸侯各国里如果有遇到争端不能解决的，就都
会跑来找文王判案，他们相信西伯的公正。有一回，虞国和芮（ruì）
国的人闹了矛盾，两人一边吵一边来找西伯理论。才走到周境内，
两人就惊呆了。只见种田的人都互相让田界，完全不想占别人一
点儿地盘；老人过马路，大家争先恐后去搀扶。虞、芮两人对视了
一眼，老脸一红："我们争的，在周人这里都是耻辱的。别丢人了，
赶紧回家吧。"你可以沉浸式感受到周部落的民风有多高尚吧。

人家这边在搞好人好事，有个叫崇侯虎的很敏感，他跑到商朝的末代天子纣王那儿去打小报告，说西伯这么积善积德，肯定是有天大的阴谋。纣王马上把西伯昌召到京城，送了套豪华监狱，还把他大儿子伯邑考给杀了。周人急坏了，忙搜集了不少好宝贝送给纣王，表示西伯根本没野心。纣王也没抓到人家什么实证，只好开牢放人。

回去后，西伯就着手搞事情了。一边搞文化，一边加强武功，到处征讨那些不道德的诸侯，不断壮大队伍。可惜的是，老年人跑不赢时间，还没完成大业，西伯就告别人间了。好在，他还有个能力超强的二儿子，名叫发，后来人称武王发。

武王一手接过老爹的事业，每天在家里磨兵器，终于在第九年下定决心，要跟商朝掰掰手腕。姜子牙、周公旦……一个个大伙儿熟悉的人都跟在武王身边，向商都朝歌挺进。然而，武王是个谨慎人，考察了一路的情形，发现天下人对纣王还没失望透顶，他决定回家再当两年缩头乌龟，下次再重新下决心。

这段时间，纣王正在给武王打辅助，加速作死。他狂杀忠臣，

吓得商人都不敢上班了，一个个回家收拾东西，移民到周人那儿去了。面对纣王的助攻，武王这才又一次把士兵们召到一起，动员大家要一次击倒敌人，不能再有"下次一定"了。终于，武王带着他的军队，可能还推着一口青铜大钟向商朝进发。为啥要带钟？去给商朝敲丧钟呢。

　　双方在商都郊外相遇了。拉个全景镜头一看，好家伙，商朝竟然出动了乌泱泱几十万人呢。不过，人多不代表同心，刚一开战，商朝小兵们就直接来了个转身的动作，当起了武王的前锋开路员。纣王只能感叹：人心散了，队伍不好带呀！商人节节败退，纣王很想重来一次，可惜没人给他这个机会，他只好一把火点燃了自己。

　　这场战争发生在商都郊外的牧野，就叫牧野之战。另外，它在历史上还有个专有名词，叫"武王伐纣"。武王完成了历史交给他的任务，荡平商朝，建立了持续八百年的大周朝。

夫利，百物之所生也，天地之所载也，而有专之，其害多矣。

——《史记·周本纪》

**译文** 利益，是各种有价值的物品滋生出来的，物品则都是在天地的滋润下长出来的，想独占它，害处太多了。

**赏析** 这是中国古人的智慧，是一个很重要的思想。天地万物是自然赏给大家的，如果想垄断，就会触犯很多人的利益，甚至还可能破坏生态平衡。说明做人不能太自私贪婪。

**史记小百科**

## 周文王真的有一百个儿子吗?

中国有"文王百子"的传说，在小说《封神演义》里，周文王自己已经生了九十九个孩子，然后捡到了雷震子，终于凑齐了一百这个整数。

那么，文王真的那么能生吗？这个说法其实出自《诗经·文王之什·思齐》中的一句赞美："大姒（sì）嗣徽音，则百斯男。"大姒即太姒，是文王的正妃。诗里说太姒是典范，她嫁给文王后，能多生男孩振兴家族。这里的"百"只是个概数，是古人希望家族兴盛的美好祝愿。就像《诗经·螽（zhōng）斯》里，人们希望新婚夫妇为家族延绵子嗣，就祝他们繁衍后代的速度能赶得上蝗虫。所以，所谓"文王百子"，也是一个讹传。

# 周公
# 做梦吗？我帮你圆

　　天亮了，很开心，你们又多认识了我一天！今天，我要带大家了解一位文化史上的重量级人物，周公旦。

　　提起周公，大伙儿应该不陌生吧？

　　啥？我隐约听到了一个穿越时空的声音："周公嘛，知道，他不是个造梦师吗？"

　　是不是因为孔老夫子当年说过一句："我德行肯定衰退了，很久没梦见周公了！"你们就把周公当作一个喜欢跑到别人梦里下棋的人了？就算是这样，你们这些后生也真不谦虚呀，孔老夫子说的是，有德行的人才会梦见周公，合着你们一睡觉周公就入梦了呢？有时候真想找你们借点儿自信和勇气。

　　这里，我要正本清源一下。周公其实是个王子，他大名叫旦，是周文王的儿子、周武王的四弟。在文王十几个儿子里，周公的思想文化和智商也是大家的天花板。武王伐纣期间，周公就在积极打辅助，兄弟同心砸掉了大商六百年的饭碗。

完成了心头大事后，武王心里的大石头一点儿都没少。俗话说，万事开头难，然后中间难，最后结果难……靠着勇气一鼓作气打败商朝容易，想统治那么大的地区可就太难喽。巨大的压力一直折磨着武王的精神状态，导致他身体很差，经常只能被封印在被子里。这对姬家来说，简直是椅子底下着火——烧着屁股燎着心呀。

遇事不决，就找神学。姜太公和姬家的旁支召公奭（shì）提议，找祖先神卜个卦问问情况。毕竟，作八卦、搞占卜，不是文王的专业吗？这种专业技能也传给了周公。周公听说后连忙谢绝卜卦，他打算自己连线祖先们，申请用己身替代武王。周公设坛对话三个祖先——太爷爷古公亶（dǎn）父、爷爷季历和老爸文王，问他们是不是缺儿孙服侍，如果需要人，他比二哥武王合适多了，就留二哥在人间治理天下吧，可以收了自己。

为了表明自己更合适，周公开始才艺展示。这段话实在有点儿可爱，我忍不住要抄录下来："我比王发厉害，他只知道打仗治国，我就不一样了，我多才多艺，鬼神都能被我哄高兴。"跟祖先交流完，接着是"科学"验证环节：周公让人拿着乌龟壳开始烧，烧到差不多后，工作人员看了一眼龟壳的裂纹——上上吉！

得到满意答复，周公把装备收起来藏好，跑去安慰二哥，说他没啥毛病，刚才三位祖先都说了，他只需要考虑怎么为周朝的长远做规划。就这牺牲精神和伟大情操，谁听了都要感动。不过，武王只短暂性好了一会儿，还是英年早逝。

周人当下的局面实在不安全。武王的儿子还是包着尿布的婴儿，商人的贵族和商朝曾经的联盟国都还在蠢蠢欲动。怎么办，

总不能把天下重新送还给商人吧？商人没有这么想得美，周人也没有这么想不开。此时，周朝需要一个有能力、有威望的人站出来，把局面撑下去。孔夫子说"当仁，不让于师"，遇到能施行仁义主张的时候，就不要谦虚退让了。周公应该也是这么想的。他登台宣布，让武王的小婴儿上托儿所，他自己则托管天下。

消息一出，有人不乐意了。公开反对周公的是文王的三儿子管叔鲜。管叔数数排行，大哥伯邑考死了，二哥也死了，就算大周要搞兄终弟及的模式，也应该轮到自己呀。老四竟然想弯道超车，用了啥护肤品把脸皮保养得那么厚呀？他不知道周公顶了多大的压力和责任，只觉得四弟太无耻。为了怼老四，管叔找到了老五蔡叔度联手。

有同学要插题外话，文王家咋那么多"叔叔"？那咱也拐个弯解释一下。当时人喜欢用出生的次序来称呼孩子们，就是伯仲叔季，四个序号。如果一个家庭孩子多不够分咋办？好办，喊起来的规则是这样的：老大是伯，老二是仲，中间的全是叔，到小弟才是季。

周公家这两个"叔"准备怎么胡来呢？他们开始造谣，说周公要推倒武王的遗孤小成王，自己上台。此消息果然引起了一阵骚动，连姜太公和召公奭都在心里对周公打了一个大大的问号。好在周公议论文写得不错，一通长文辩解，消除了信任危机。管、蔡二人见朝中支持自己的人少，脑袋一热，联系纣王的儿子武庚组队去了。

　　商朝都完了，纣王的儿子还在？没错。灭国不绝祀，这是我们的优良传统。毕竟当年的商汤可是个伟大的君王，不能让他断了香火，成了饿鬼嘛。当然，留着武庚完全是个不定时炸弹，于是武王派了三个弟弟去当人肉监控，号称"三监"。谁知道，现在三监变成了"三奸"，鼓噪着整个商朝遗民起来反抗大周了。霎时间，天下近一半人都在挥舞反周大旗。

　　这操作，真是让我大开眼界。窝里斗就算了，怎么还联系敌对势力呢？

　　周公没有坐以待毙，马上给能拉动的亲人们都分派了任务，出兵对抗这些叛乱分子。这场战争有个专有名称叫"周公东征"，难度丝毫不亚于武王伐纣。《诗经》里的《东山》《破斧》，都是唱这次作战过程的。好在，最终周公赢了。

经过这次大事，周公决定要进一步加强地方管理，于是把兄弟和亲戚们都分封到各个重要地方当诸侯，大家四面八方挡在外围，保护京师。所以到了后来的春秋时期，你就会看到有一大堆小国在中原错落有致地排着，小到你们一个村的大小，都可能是个国家。周公的这种做法叫"封建亲戚，以藩屏周"。

完成这些部署，周公又安排了另一套安保设施，在洛阳搞土木工程，修一座新王都。洛阳是当时的天下之中，也被称为"中国"。在这里可以监管到全国，接收消息的信号也最强。如果谁有造反的心思，周天子迈开腿就可以出发去揍人了。要是没有周公，哪有赫赫八百年的周朝呀。

辛苦多年后，大侄子成王慢慢长大了，周公觉得自己这把老骨头是时候退休了，于是恭恭敬敬地迎成王上台，自己规规矩矩回到臣子该站的位置。可是，周公叱咤风云了这么久，也得罪了一些小人，刚从位子上退下来，就有不怀好意的人想害他了——有人跟成王打小报告，说周公当初想废掉他，自己称王。

谗言的力量很可怕。成王年纪小，判断力不够，对这些话深信不疑。周公也不想解释，一溜烟跑到了蛮夷的地盘上待着。

不过，纸包不住火，真相总有一天会悄然现身。

某天，成王闲着没事去档案室翻自己家的藏书，不小心看到了一件陈年旧事。那是很久以前，小成王生病了，躺在床上很虚弱，周公看得很揪心，就把指甲剪下来向河神祷告："我们大王还小，现在朝廷的大小事都是我在操作，冒犯神灵的也是我，有啥事冲我来呀。"

因为我们这个文明古国有记录历史的习惯，周公祷告的文书也被放在档案室藏了起来，直到这会儿才被看到。成王热泪盈眶，原来四叔在背后默默做了那么多事，帮自己挡了那么多风雨。于是他赶紧派人去接回周公。周公也不计前嫌，回来后继续言传身教给大侄子当助手，又亲自写了几本《如何当一个好天子》之类的教科书，留给成王以后用。有时候，成王觉得四叔就像自己的亲爹，甚至比亲爹付出的还多。

周公为周朝付出了一生，大周官员的职责、后宫秩序、治国路线、婚丧嫁娶、意识形态等方方面面，都是他组织制定的。原来，周公真是个造梦师，他为周人造了一场美好的大梦。后来的人把这些内容总结了一遍，汇集编了本书叫《周礼》。

多年后，上了年纪、忙碌了一辈子的周公倒下了。临死前，周公说了最后一句话："一定要把我埋在洛阳，让我的灵魂继续保佑成王。"成王伤心得把眼睛哭成了肿眼泡。

老天好像也在为周公难过，洛阳城外忽然刮了阵龙卷风，庄稼倒了，连大树都被连根拔起。成王不知道咋整，只好去档案室查资料，看有没有前例可以参照。这一查，不小心又翻到了当初周公要代替武王去死的祷告，成王还没消肿的眼睛又加重了一点儿。

　　老天大概是在惩罚我没有好好侍奉四叔吧！成王赶紧祭祀上天，表示自己读懂了四叔辛苦勤劳的一生。然后，见证奇迹的时刻到了，这一年稻谷真的很给面子，颗粒饱满大丰收，洛阳人民没有挨饿。

　　我在想，这是不是周公对他关心的人民最后的保佑？

史记原典

**为人父母，为业至长久，子孙骄奢忘之，以亡其家，为人子可不慎乎！**

——《史记·鲁周公世家》

**译文** 做父母的，创业非常艰难，花费时间很久，他们的子孙拥有了富贵以后就开始骄奢，忘了之前的艰辛，导致家族被败坏。做儿子的不能不慎重啊。

**赏析** 周公的这段话，其实就是后代诫子书、诫侄书、某某家训等这类书的源头。每个成功的大家族都有这样谆谆教诲的家长，时刻提醒后代不能忘本。

## 再叫"鸡蛋"就不礼貌了

周王室姓姬，周公旦，岂不是叫姬旦？其实，西周和现在不同，当时的姓、氏、名、字是四个不同的系统。那时候的男人，可不是姓＋名的称呼模式，而是"男人称氏，女人称姓"。氏是什么？它是宗法社会里独有的一种社会组织，同一个氏的人都是同族。

氏的来源有很多种，比如被封在哪里就以哪里为氏，住在哪里以哪里为氏，以祖先的字为氏，以官名为氏，等等。氏是可以不断变化的，不像姓，终身就一个。这是因为，那会儿得到一个新氏，自己就会成为一批人的开宗鼻祖，是很荣耀的。所以，称呼前冠氏才是当时男人们社交的通行用法。周公曾被封在周地，应该叫周旦，不叫姬旦。另外，他后来又被封在鲁地，也可以叫"卤蛋"。

## 把情感熔铸在人物描写中

传统史学家认为，历史学家记录人物和事件时，应该保持客观公正，不掺杂个人的爱憎情感。司马迁却恰恰相反，他不仅在"太史公曰"中直接发表评论，还会把自己鲜明的情感熔铸在人物描写中，从而增强读者对人物的想象，引发读者的情感共鸣。

他的情感之所以能打动读者，也是因为虽然身处贵族阶层，但他的心却和普通人民在一起。他热爱和赞赏美好的政治、崇高的人物，痛恨那些腐朽的东西、邪恶的人物。比如他写周公求才心切，"一沐三捉发，一饭三吐哺（bǔ）"，写吕后残害戚夫人，汉惠帝见后"乃大哭，因病，岁余不能起"，爱憎褒贬都已经寄托于文字间。

# 姜太公
# 钓鱼是老年人不可剥夺的爱好

　　周公旦已经出场，大周创业功臣榜上的另一位大佬——姜太公，自然也不能不出来亮个相了。周公和姜太公，都是我《太史公书》里"世家"的代表。他们一个开创了鲁国，一个开创了齐国。

　　说起姜太公，他身上的传说比我写的历史流传度还要广，真是一个既神秘又有热度的人。当然了，关于他老人家，很多故事我也是听说来的。传说，姜太公家里很穷，一辈子没混出什么名堂，到年纪大了，听说西部的周部落出了位名为昌的首领，就想去投靠他。小人物想投奔大人物，直愣愣地跑去应聘，注定受不到什么重视，最好的办法是让人家来请自己。

　　姜太公很了解这套规则。那么，我们就来看看他教科书式的求职法。

他先是给自己编了几个段子，塑造有才有能的形象，又用隐居的方式营造出了神秘感，让西伯对淡泊的他充满好奇。于是很快，西伯昌听说了他。有了这个基础，姜太公又设计制造了一场偶遇。打听到西伯经常在水边求贤，姜太公便化身为一个钓鱼老翁，在渭水边上直勾勾地想钓西伯。

说起来真是巧，西伯昌其实也预见了这次遇见。前面说过，西伯这人有个专业技能——占卜。这天准备出门打猎之前，西伯按老规矩先卜了一卦，卦辞说这次的收获相当不可思议，不是啥虎龙熊罴（pí），而是一个能帮他们周部落做大做强的能人。心里想着能遇到宝，西伯加快了出门的脚步。后面的故事大家应该都知道了——姜太公钓鱼，愿者上钩。在渭水岸边，文王遇到了贤能之士，太公钓到了可享用终身的大鱼。

不过，还没到两人合作出什么眉目，纣王就闹幺蛾子了。那时，纣王得了疑心病，老觉得臣子们对自己不忠，杀得人头滚滚。西伯见状叹息了一声，纣王立马警觉："这是对我不满啊。"然后，西伯就喜提了尊享定制牢房。为了救领导，姜太公想到的方法就是送美女和财宝。天子也接受贿赂？咳，谁不喜欢美好的东西呀？见西部臣子老投递各种宝贝表忠心，又没抓到西伯确切的罪证，纣王这才开门放人。

无端蹲大牢，倒是把西伯坐明白了。回家后，他就找姜太公私聊如何获得更多人的支持，增强自己的影响力之类的话题，然后两人制定秘密计划，一边更加积极地做好人好事，一边想着怎么撬商朝的墙角，把这座罪恶的高墙推翻。

姜太公为西伯献上了一茬接一茬的连环计，对商朝分封的那些小弟实施两步走：先送宝贝收买，买不了的就打。一段时间后，成绩单就出来了，三分之二的诸侯都加入了周部落的起义群。姜

太公的这些计策太精彩，后来还被人整理出了书，名叫《六韬》。

不过，咱们前面说过，周朝的事业不是一代人完成的，年纪大的西伯带着遗憾走了，周部落传给了他儿子武王发。武王也很尊敬老父亲的这位军师，把他当半个爹一样信任，直接喊他"师尚父"。当然了，叫他父也不算自降身份，因为，武王娶了姜太公的女儿，姜太公正是武王的老岳父呢。

然后，就像《封神演义》里说的一样，姜太公不断为武王拉人，把自己老家羌（qiāng）人同胞拉来作战，终于成功推翻了商朝。武王担心新建立的天下不稳，想让老岳父继续发挥余热，就按分封制度，把他派去了齐国的营丘。这里靠近海滨的东夷以前是商人的小弟，经常跑来骚扰周人，只有老岳父坐镇，武王才能稍稍放心。

不像周公旦在中央还有任务，所以只派长子去封地，姜太公是本人亲自到了齐国。在这里，他大搞改革开放，把政治和礼仪做了简化，又制定了发展工商业的国策。姜太公让海滨人充分利用靠水吃水的优势，把渔盐业抓起来，毕竟姜太公本就是个钓鱼爱好者。最终，齐国很快就成了大周朝的先富群体。而那些落后群体，也很快和齐国融合成了相亲相爱的一家人。

　　说起齐鲁的治理，还有一个很值得思考的对比。姜太公到齐国搞改革，采用的是减法，五个月就见了成效，很快就回中央汇报工作去了。而周公的封地鲁国，他儿子伯禽踏踏实实搞礼仪维护，给当地不断做加法，治理了很久都没回音，直到三年后才来汇报，周公问原因，伯禽解释说自己在改变风俗呢。周公听完忍不住发出了一段预言：以后鲁国肯定要受齐国欺负。

　　因为，政策搞得太复杂，老百姓的理解力不够，肯定难以亲近。只有平易才近民，老百姓才会主动选择归附。后来，

这个预言果然应验了。整个春秋时期，坐落在山东半岛的齐鲁这对老邻居，始终是齐国摁着鲁国摩擦。而姜太公开创的齐国，在整个春秋时期都是男一二号。以后，就在本书里，你们还会跟它再碰面。

话说回来，老年才出名的姜太公，真是符合那句"大器晚成"。老天不仅给了他出名的机会，还给了他充分享受的时间。据我查访到的资料，姜太公活了一百多岁才去世，不怪后来的人喜欢把他编成老神仙。也不知道这个长寿基因，能不能提取复制到我们每个人身上呢……

**史记原典**

## 时难得而易失。

——《史记·齐太公世家》

**译文** 时机难以得到，却很容易失去。

**赏析** 被周武王封到齐国后，姜太公动身前往封地，一路上不慌不忙，走走停停。入住的一家旅馆老板见了就说："我听说'时难得而易失'，看你在路途上睡得这么安稳，实在不像是一个要赶往封国去的人。"太公听后，"夜衣而行，黎明至国"，半夜起来穿好衣服就走，天亮时就到了封国，在新岗位上迅速开始了工作。

**史记小百科**

### 姜太公到底有多少名号？

　　姜太公是个人名吗？如果看过《封神演义》，你可能会脱口而出"不是"，并给出他叫姜子牙的答案。他确实姓姜，然而，说姜子牙是本名，其实也不太对。因为，子牙只是他的字，他单名是一个尚字。又因为祖上生活在吕地，吕就是他们的氏，所以准确地说，他应该叫吕尚或者吕子牙。为什么不叫姜子牙，讲周公不叫姬旦时已经解释过了。

　　那么，姜太公这称呼是怎么来的呢？这是他遇到周文王之后才有的。两人相遇后，文王激动地说："我祖宗太公，也就是我爷爷古公亶父当年就预言过，会有一个圣人来到周部落，周会因此兴旺。现在看来，这人肯定就是您老人家吧！我们太公盼望您很久啦。"因为这句话，姜太公就得到了"太公望"的外号。后来，他作为齐国的第一代，死后也被称为齐太公。除了这几个，师尚父、吕望，也都是他的名号。

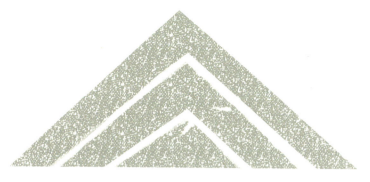

## 周朝的衰落
# 周朝是怎么不行的？

嗨，司马迁准时上班啦。

周朝是一个对我们文化影响非常深远的时代，它不仅建立了良好的制度，还产生了蓬勃的思想。我对这个时代也总是抱着一种"心向往之"的心情。真的很难想象他们最后怎么会变得那么落魄。

查看周朝历史时，我在周幽王二年（公元前780年）看到了一条让人震惊的消息："西周三川皆震。"原来，那年周人老祖宗建立的都城丰京和镐（hào）京一带发生了大地震，震源非常广，搞得泾水、渭水和洛水都断流了。

见多识广的周太史伯阳父就散播了一个让人恐慌的观点："周将亡矣！"如果要给这个灭亡加上一个期限，那就是十年。为啥这么说？他论证了一通天地阴阳之类的玄学，回到事实就是，水源阻塞了，没水就种不出粮食，没粮食就没贸易，没贸易就没钱，没钱人民咋过活？只能亡国了。

后来的事，大家都知道了，鼎鼎大名的周幽王为了博美人一笑，几次三番点燃烽火遛诸侯们玩，果然搞丢了王位，江山失陷，周朝一度亡国。

从成王到幽王，到底发生了啥，让刚才还在上升期的周朝，这么轻易就走完了下坡路，并直接滑坡摔死了？正所谓，罗马不是一天建成的，大周的路程也不是一天走完的。期间的大事件，听我给你摆出来。

当年，成王顺利和祖先团聚后，天子的位子传给了成王的儿子康王。虎父无犬子，康王很有职业道德，不折腾人，大伙儿都把那段有饭吃、不受刑的美好岁月叫"成康之治"。可到康王的儿子昭王上台后，发生大事件了。

昭王时期，地图南边有个周朝不太看得上的小楚国在慢慢壮大，他们玩了上百年贪吃蛇游戏，不断吞并周围的小国家，这吃相终于惹怒了昭王。天子除了治国，还得守护国土保护小弟呀，

于是，昭王发动了浩浩荡荡的南征。天子亲征，诸侯除了瑟瑟发抖还能做什么？——还能让他们阴沟里翻船。昭王一共出征三次，成绩非常不理想，最后一次更是把自己也给赔了进去。

昭王之死，江湖传言很多。有人说，昭王的军队经过汉水的时候，楚人在他们船上做了手脚，导致船沉人亡；有人说，军队在过桥的时候，桥梁断了，整个军队都掉下水淹死了。不管哪种，都够上头版头条的。周朝大领导，最伟大的天子，竟然和小弟打群架时意外地死不见尸，这让周朝人民和其他诸侯怎么看？大家都不太敢相信但还是不得不信，震惊！

接着，昭王的儿子穆王上了台。可昭王事件让"周天子"这个说一不二的权威在人民心里大打折扣。穆王知道有人唱衰周朝，他不甘心，也不想当宅男，决定要做件大事，让大家重新认识一下什么叫天子，什么叫全天下的王。爹打南边，他就去打西边，跟一个叫犬戎的少数民族死磕。结果，仗是打了，但收益甚小，并没有让大家对大周的武力值更服气一点儿。

穆王后面几代，有个叫夷王的天子。他爸爸周懿（yì）王死了以后，位子没顺利传给他，而是被他叔祖、懿王的亲叔叔孝王抢走了。夷王怎么办？忍着。后来，孝王熬不过无情岁月，驾崩了，几个诸侯又转过头来把夷王推了上去。虽然天子之位正本清源，但诸侯都敢主持废立，也足够说明周王室的落魄。也正因为夷王是借外力上台的，所以，后来诸侯们来朝见，他总是亲自下堂迎接，表示感恩。

贵人谦卑，如果在他能力强大时，别人会盛赞他的德行，但没能力匹配，别人就会产生藐视心理了。这不，眼看周王这边不太行了，一向不服周朝的楚国就又想搞事情了。

有个叫熊渠的楚老大竟然对外宣传："我是蛮夷，我没素质，我不跟中国人一个系统。"然后自立为王了。不仅如此，他还把三个儿子也都各自给了块封地，封为了王。人家周天子的尊位才是王，他直接是王的老子，这胆量，不愧是熊家人，背地里估计吃了不少熊心豹子胆。

可夷王没办法，只能默默带着委屈去见祖宗了。然后就轮到了厉王登台。厉王很想振兴一下家族，但无奈中央没钱了。于是，他出台了一系列跟贵族和老百姓抢钱的政策，搞得大家都很怨愤，不断画圈圈诅咒他。这些话传到了厉王耳朵里，他马上采取高压整风，派人去大街上当人肉监控器，抓到一个杀一个。果然，说坏话的人少了，连说话的人都少了。大伙儿一个个修炼成了表情包，在大街上遇到熟人，就用眼睛互相瞟一下，算是打招呼。厉王扬扬得意地跟老叔召公表示："看，没人说坏话了吧？"

但正常人都知道，没人说话，不代表心里没意见。老叔也很着急，给厉王讲道理，什么治国就像治水，你老是堵不去疏，等水满了，漫出来后得淹死多少人？不管召公怎么滔滔不绝，厉王只有一句经典名言："不听不听，老叔念经。"

后来，三年高压氛围终于把被动了蛋糕的贵族惹疯了，他们煽动老百姓，抄着家伙冲进了王宫，厉王只能狼狈逃跑。这就是"国人暴动"，这一年是西周共和元年（公元前841年）。值得一提的是，从这一年开始，我们的历史有准确纪年了。

经过这几位的折腾，周朝老祖宗文王、武王带给大家的好处早就败光了。接着，厉王的孙子幽王又在衰亡的路上开启了加

速模式，不断祸害朝政，周朝倒计时就真的只有伯阳父所说的年限——十年了。

有人好奇，周朝的接班人又不是黄鼠狼下耗子——一窝不如一窝，中间总能出几个有雄心、想挽狂澜于既倒的人，怎么衰败来得就那么快呢？这其实涉及了周朝的制度。

前面说了，大周是封建制，这种分封不是初代天子封完就没事了。每一任天子还在源源不断地生娃儿，这些王子们按分封制也得有自己的地盘；同时，天子表示奖赏的方法还是分封土地。于是，一刀一刀从自己身上割肉的天子，地盘就会越分越小，排在后面的天子只能过得紧巴巴的。而那些得到领土的贵族，则会加紧经营自己的家族，让自己的香火也能万世传。这样一来，土地下封就代表权力下滑，天子不仅蛋糕小了，钱也少了，控制力自然也一天不如一天。没能开拓新领土，或者说没能做到开源的天子，他们和诸侯的关系就是能量守恒，你长我衰。于是，历史就演变成后来春秋的诸侯争霸了。

别怪我突然正经严肃，这其实就是我写《太史公书》的最终主旨。我要"究天人之际，通古今之变"，把王朝的兴衰讲清楚，给后世以经验和教训。

**史记原典**

防民之口，甚于防水。水壅（yōng）而溃，伤人必多，民亦如之。是故为水者决之使导，为民者宣之使言。

——《史记·周本纪》

**译文** 堵住老百姓的嘴，比堵住水还危险。水被堵了就会决堤，受伤害的人肯定很多，人民也是一样的。所以，治理水要加以疏导，管理人民要让他们畅所欲言。

**赏析** "防民之口，甚于防川。"这句经典治国理论，是《史记》里的某任召公给周厉王的建议。百姓在议论什么，是统治者最喜欢了解的。听别人怎么说，尤其是听反对者怎么说，统治者才能知道错处，加以改正。作为能在世界历史上排得上名次的中国明君唐太宗，就把"纳谏"当成帝王的必修课。

## 西周世系图

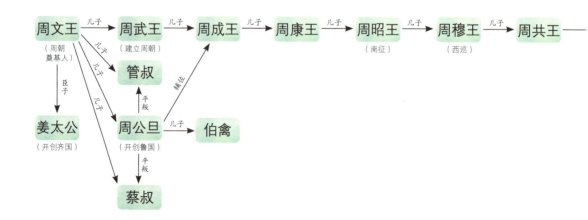

# 国人是什么人？

现在我们说"国人"，就是指所有中国人。但在周朝，并不是每个人都有资格当"国人"。

《周礼·地官·泉府》记载："国人、郊人从其有司。"这里的国人和郊人，是按居住地区分的，就像现在的城市和郊区。

周朝有严格的阶级划分，贵族是天子、诸侯（公）、卿大夫、士等几个阶级。这些贵族的下滑，几乎都是因为"子又生孙，孙又生子"的资源瓜分，直至最终没落。典型的模式是这样的：天子除嫡长子以外的儿子，有机会在朝廷当公卿或分到一个地方上当诸侯；诸侯除继承者之外的儿子，也有机会在诸侯国里当卿大夫；卿大夫的儿子，就是最低级的士。他们都是手握政治资源的一批人，自然都住在一个国家最好的地盘，享受着"国人"待遇。哪怕是贵族里最低级的士，都有可能凭借这层保障性的身份，再一步步往上爬。而那些什么资源都没有的人，就会住在郊野，也被称为"野人"。

所以，下次看到古书上有"野人"，可不要以为就是没开化的古人类哟。

儿子 → 周懿王 叔叔→ 周孝王 侄孙→ 周夷王 儿子→ 周厉王（国人暴动） 儿子→ 周宣王 儿子→ 周幽王（烽火戏诸侯）（西周灭亡）

图书在版编目（CIP）数据

史记来了！：司马迁带你读史记.壹,远古－西周/
大梁如姬著；李玮琪,李娅绘.－－北京:海豚出版社,
2024.10（2025.7 重印）.－－ ISBN 978-7-5110-7127-9

Ⅰ.K204.2-49

中国国家版本馆 CIP 数据核字第 2024DQ9300 号

史记来了！ ——司马迁带你读史记

壹 远古－西周

出 版 人：王　磊
总 策 划：宗　匠
执行策划：宋　文
监　　制：刘　舒
撰　　文：大梁如姬
绘　　画：李玮琪　李　娅
装帧设计：玄元武　侯立新
责任编辑：杨文建　张国良
责任印制：于浩杰　蔡　丽
法律顾问：北京市君泽君律师事务所　马慧娟　刘爱珍

出　　版：海豚出版社
地　　址：北京市西城区百万庄大街 24 号　　邮　　编：100037
电　　话：（010）65569870（销售）　（010）68996147（总编室）
传　　真：（010）68996147
印　　刷：北京博海升彩色印刷有限公司
开　　本：16 开（787 毫米 ×1092 毫米）
印　　张：37.75
字　　数：280 千
印　　数：20001-30000
版　　次：2024 年 10 月第 1 版
印　　次：2025 年 7 月第 3 次印刷
标准书号：ISBN 978-7-5110-7127-9
定　　价：218.00 元（全 5 册）

买书更划算
天猫扫一扫

海豚出版社
微信扫一扫